桂林山水 金象鼻旅游书系 摄影精选

SELECT PHOTOGRAPHS OF GUILIN LANDSCAPE

图书在版编目（CIP）数据

桂林山水摄影精选／李会先等摄. 桂林：漓江出版社，2000.5
（金象鼻旅游书系）
ISBN 7-5407-2547-8/J·138
Ⅰ.桂… Ⅱ.李 … Ⅲ.风光摄影－广西－桂林－摄影集 Ⅳ.J424
中国版本图书馆 CIP 数据核字（2000）第 22703 号

桂林山水摄影精选

李会先 等摄

漓江出版社 出版发行

（广西桂林市南环路 159-1 号）

邮政编码：541002

深圳中华商务联合印刷有限公司印刷

※

开本 889 × 1194 1/16 印张 6.75 插页 4
2000 年 5 月第 1 版 2001 年 6 月第 3 次印刷
印数：18001-28000 册
ISBN 7-5407-2547-8/J·138

007000

如有印装质量问题 请与工厂调换

发行部电话: (0773)3813659 3813655

前　言

　　桂林是一个享有世界声誉的风景游览城市和历史文化名城。

　　远在3亿多年前，桂林沉浸在汪洋大海之中，由于地壳运动，桂林逐渐上升为陆地。后经过长期的风化、剥蚀和雨水溶蚀，发育成典型的岩溶地貌，逐渐形成了形态奇特的峰林石丛和幽深瑰丽的溶洞，并与秀丽的漓江融为一体，构成了别具一格的桂林山水，赢得了"甲天下"的美誉。

　　桂林山水，素以山青、水秀、洞奇、石美著称于世。桂林的山峰，平地拔起，奇峭俊丽；桂林的溶洞，深邃幽旷，满目琳琅；桂林至阳朔的百里漓江，更是风光绮丽，碧水萦回，奇峰林立，百态千姿……"江作青罗带，山如碧玉簪"、"千峰环野立，一水抱城流"、"几程漓水曲，万点桂山尖"等古今诗人的名篇佳句，对桂林的奇山秀水作了真实的写照和形象的描绘。

　　桂林已有两千多年的历史。公元前214年秦始皇开凿灵渠，在岭南设置桂林郡，从那时起，桂林就成为"南连海域，北达中原"的南疆重镇。两千多年来，桂林先后成为郡、州、府、县治所在地，曾长期是广西的省府和政治、经济、文化的中心。漫长的历史，在这块古老而美丽的土地上孕育了丰饶的文化、多姿的风情和璀璨的古迹。从数万年前桂林的宝积山和甑皮岩的史前人类遗址，到秦代的兴安灵渠和明代靖江王城及其庞大的陵墓群；从历代迁客骚人大量吟咏赞美桂林山水的诗文词赋，到遍布桂林山岩洞壁的摩崖石刻和佛教造像；从桂西北龙胜高近千米、上下数百级的龙脊梯田奇观，到独具风情的壮、瑶、苗、侗少数民族及其山寨、鼓楼等，无一不与桂林的自然山水融为一体，使桂林山水增添了人文异彩。

　　丰富的自然资源和璀璨的人文资源，形成了桂林旅游得天独厚的优势，并一直受到党和政府的充分重视。美丽的桂林山水，越来越为世人所瞩目。这本画册，精选了桂林最具特色的奇山秀水和著名景区景点的优秀摄影作品，若读者能从中进一步领略桂林山水的神奇与魅力，并获得审美的愉悦和艺术的享受，那就不违编者的初衷了。

编　者

PREFACE

　　Guilin is a world-renowned tourist city as well as a cultural city with a long history.

　　As early as over 300 million years ago, Guilin was a vast sea. It was because of crustal movements that the whole area rose up gradually and became land. Then through long years of erosion by wind and rain, the limerocks were transformed into typical karst formation and gradually clusters of peaks and rocks with unusual shapes and deep, serene and magnificent caves came into being, merging with the beautiful Li River. Thus it becomes the hills and water with a distinctive style and enjoys the good reputation of "the best under heaven".

　　The scenery of Guilin is always well-known in the world for its green hills, limpid water, grotesque caves and fantastic stalacmites and stalagtites. Its oddly-shaped solitary hills rise out of flat ground in various shapes; its caves are deep, secluded, vast and a scene of beautiful jade met the eye on every side. The one-hundred-li Li River from Guilin to Yangshuo is even a wonderful sight with grotesque peaks jutting out around the city like forest with rivers winding through in a thousand and one fabulous shapes……"The river looks like a green ribbon and the hills, emerald hairpins", "A river flows coiling the city while thousands of pinnacles tower around the country", "Appreciate the sweet sounds of the Li River only on several stages, View thousands of peaks of hills of Guilin"and other famous poems and fine words by ancient and contemporary poets, etc, make a real and true portrayal and a vivid description to the wonderful hills and beautiful water of Guilin.

　　Guilin has a long history of over 2,000 years. In 214, B.C., the Ling Canal was built by Qin Shihuang and Guilin County was set up in the south of the Five Ridges. From then on, Guilin became an important city in the south connected to the central plain in the north and the sea in the south. For over 2,000 years, Guilin had been the location of county, province, and had ever been the provincial capital of Guangxi and its political, economic, cultural center for a long time. The long history has been pregnant with rich and fertile culture, colorful folklores and resplendent relics. The ruins of prehistoric mankind of Baoji Hill and Zengpi Cave of Guilin thousands of years ago, the Ling Canal of Xing'an County in Qin Dynasty and the large tumuli of Prince Jingjiang of Ming Dynasty, the prose and poems in praise of the hills and rivers by poets and other literary figures of past dynasties, the inscriptions and sculptures in the caves and on cliffs, a marvellous natural phenomenon of Terraced Fields at Longji with the height of approximate one thousand metres and handreds of steps in Longsheng county, northwest of Guilin, minorities such as Zhuang, Yao, Miao, Dong and fortified mountain villages and drum-towers with unusual folklores, all merge with the hills and rivers, adding great humane splendour to the scenery of Guilin.

　　The rich natural resources and resplendent humane resources form the exceptional advantages richly endowed by nature for Guilin tourism and have been paid enough attention to by our Party and government. The beautiful hills and rivers of Guilin are becoming the focus of world attention. The picture album carefully chooses excellent photographic works of picturesque wonderful hills and beautiful water of Guilin and famous scenic spots. If readers can further appreciate the charm of the scenery of Guilin and obtain the pleasure of aesthetics and the enjoyment of art, the editors original intention is achieved.

Compiler

目 录

象鼻山
Elephant Hill
Der Elefantenrussel-Berg
La colline en trompe-d'éléphant
La Collina dell'elefante
象鼻山
상비산

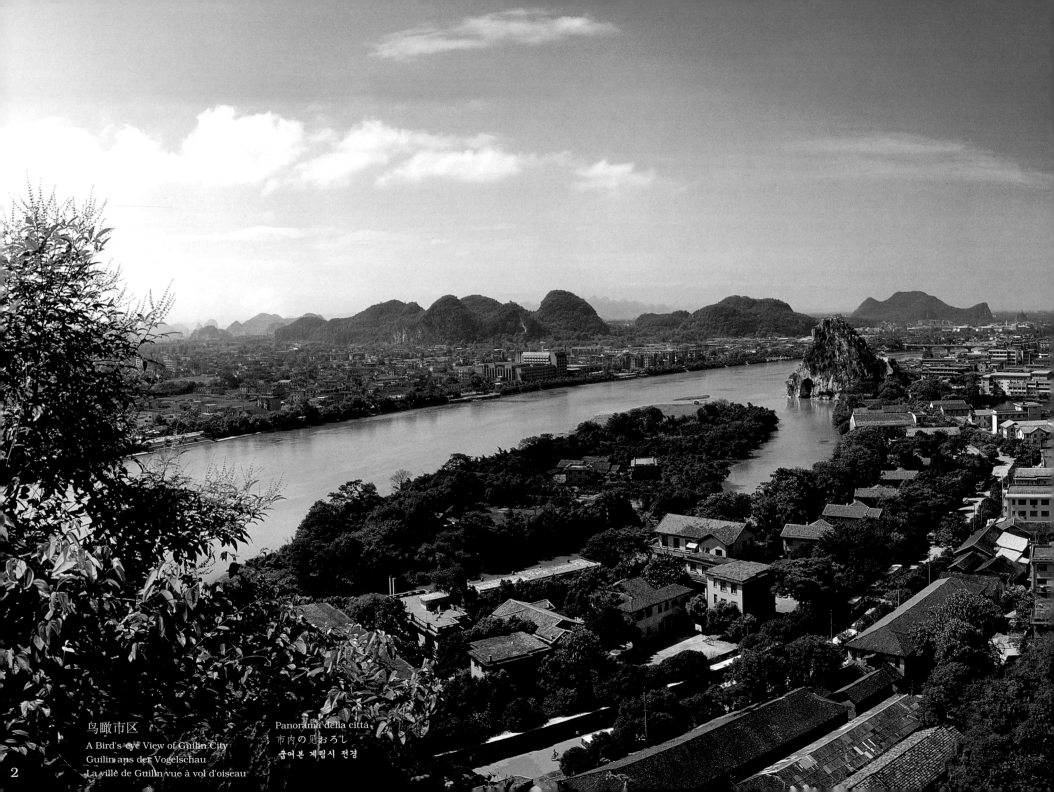

鸟瞰市区
A Bird's-eye View of Guilin City
Guilin aus der Vogelschau
La ville de Guilin vue à vol d'oiseau

Panorama della città
市内の見おろし
굽어본 계림시 전경

2

叠彩晨曦

Rosy Dawn over Diecai Hill

Die ersten Strahlen der Morgensonne über dem Diecai-Berg

L'aurore sur la colline des couleurs accumulées

La Collina di broccato piegare nell'alba

叠彩山の暁しよ光

첩채산의 아침햇살

4

花桥
Flower Bridge
Die Blumenbrücke
Le pont de fleurs

Il Ponte di fiori
花桥
화교

5

叠彩晴岚
Sunny Diecai Hill
Heiterer Dunst über dem Diecai-Berg
La brume légère sur la colline des couleurs accumulées

La Collina di broccato piegare
叠彩山の晴れた空
흰 안개속의 첩채산

木龙古塔
Ancient Pagoda of Mulong
Die alte Mulong-Pagode
L'ancienne pagode Mulong

Una pagoda antica al traghetto di Mulong
木竜古塔
목룡고탑

市区雪景
Snowy City
Schnee im Stadtbezirk
Le paysage de neige dans la ville

La cittá nella neve
市区の雪景色
시내설경

彩霞满天
Rosy Clouds Flowing
Bunte Wolken bedecken den Himmel
Il cielo coloritong

Des nuages vermeils
満天の朝焼
온 하늘의 채색 놀

9

骆驼山春色
Camel Hill in Spring
Frühlingslandschaft des Kamelberges
Une allure printanière de la colline de chameau

Un cammello di primavera
骆驼山の春色
낙타산의 봄경치

瑞雪
Timely Snow
Glückverheißender Schnee
Le paysage de neige de la colline en

La neve
ずい雪
서설

11

龙隐岩桂海碑林

Guihai Stone Tablets Circles

Guihai-Gedenksteingalerie

12

Las inscriptions sur pierre dans la grotte Longyin

Li sacre scritture antichi sulle tavolette della pietra

龍隐岩、桂海碑林

용은암, 계해비림

南溪枫叶正红时
When the Nanxi Marple Leaves in Red
Rote Ahornblätter auf dem Nanxi-Berg
Le parc Nanxi au moment des érables rouges

Gli aceri rossi nel Parco del ruscello meridionale
南渓山の紅葉ちょうど
단풍이 들고있는 남계산

14

塔山晚霞

The Sunset over Pagoda Hill
Der Pagodenberg im Abendsonnenschein
la colline de la pagode

La Collina della pagoda nel crepuscolo
塔山の夕焼け
탑산의 저녁놀

伏波山雄姿
Fubo Hill in His Majesty
Der majestätische Fubo-Berg
La majesté de la collineFubo

La Collina di inondazione-confino
伏波山の雄姿
복파산의 우람한 모습

漓江梦幻之夜
Dreamworld of the Li River
Der Li-Fluß in der Nacht
La rivière Li fantastique

Il fiume di Li trasognato
漓江の夢見たい夜景
꿈과 환상을 이르키는 이강의 야경

17

一峰独秀

La collina di bellezza unica

Duxiu Peak

ぬきんでる 獨秀峰

Der Gipfel der einzigarigen Schönheit

독수봉

Le pic de beauté unique

烟锁小东江
Misty Xiaodong River
Der Xiaodong-Fluß im Dunst
Le petit ruisseau est baigné dans la brume

Il Fiume orientale nella nebbia
もやが立ちめる小東江
안개속의 소동강

19

暮色奇峰
The Sunset over Fantastic Peaks
Merkwürdig geformte Berge in der Abenddämmerung
Les pics étranges au crépuscule

Le colline in crepuscolo
夕日を浴びる奇峰
저녁녘의 기봉들

20

奇峰日出
SUN-RISING
Der Sonneaufgang aus bizarr geformten Bergen
Lever du soleil

le colline l'aurora
奇峰からの日の出
기봉를 일출

21

雨后彩虹
Rainbow
Bunte Iris nach dem Regen
L'arc en ciel

L'arXeno dopo la pioggia
雨後の虹
우후무지개

九马画山
Horses Galloping on Fresco Hill
Berg der Neun-Pferde-Malerei
La falaise naturelle à neuf cheveaux

Nove cavalli dipinti sulla rupe della collina
天然壁画のような九马画山
구마화산

大地之春
Spring
Frühlingslandschaft
Le printemps

La primavera
春の景色
대지의 봄

24

杨堤月光岛
The Moonlight Islet of Yangdi
Die Yueguang-Insel in Yangdi
L'île de clarté de la lune de Yangdi

L'isola di luna a Yangdi
楊堤月光島
양제월광도

25

冬雾
Mist in winter
Der Nebel im Winter
Le brouillard d'hiver

La nebbia dell'inverno
冬雾
겨울안개

26

山云映天
Clouds and Hills Reflecting the Sky
Berge, Wolken und Himmel
Des nuages font ressortir les montagnes

Le nubi sulle colline
水ル映る山空の雲
하늘에 비치는 산구름

杨堤风光
A View of Yangti
Die Landschaft von yangdi
Le paysage de Yangdi

Yargdi-un pparadiso pastorale
杨堤の景色
양제의 풍경

28

浪石倩影
Pretty view of the Spindrift stones
Die Wellensteine
Un beau reflet de Langshi

Le belle pietre ondose
浪石の倒影
물결속에 비치는 아름다운 돌

29

漓江红帆
RED CANVAS BOAT ON THE LI RIVER
Rote Segels auf dem Li-Fluss
Le bâteaux à voile rouge sur la rivière Li

Una vela sul fiume
漓江の红帆
붉은 노을에 물든 이강의 돛배

夜过兴坪
Over Xingping at Night
Vorbeifahrt an Xingping bei Nacht
La nuit tombe au bourg Xingping

Xingping-una terra di bellezza
夜の興坪
밤중에 지나는 흥평

31

小河背风光
Xiaohebei Scenery
Die Landschaft von Xiaohebei
Le paysage de Xiaohebei
Un fiume scenico
小川の風光
소하배 풍광

33

五指峰夕阳
The Sunset of Five Fingers Hill
Die Abendsonne über dem Fünf-Finger-Gipfel
Le soleil couchant sur la montagne de cinq droits

La Collina di cinque dita in crepuscolo
夕焼けの五指峰
다섯손가락봉의 석양

34

当乌云密布的时候
When Dark Clouds in Density
Dunkle Wolken sind aufgezogen
Au moment où des nuages noirs obscurcissent le ciel

Le nubi nere raggruppano
雲に密布れた时分
먹장구름이 짙게 깔려오고 있을 때

桃花盛开的村庄
The Village in Peach Blossoms
Das Dorf mit Pfirsichbäumen in voller Blüte
Le village où des pêchers fleurissent

Un villaggio tra i fiori della pesca
桃の花が満開になった村
복숭아꽃이 활짝 열린 마을

山乡晨曲
Morning Song of the Mountain Village
Bergdorf in der Frühe
Le matin de village de montagne

Un villaggio sulla montagna di mattina
山村の朝
산간마을의 모닝 멜로디

37

青山绿水

Clear Water and Green Hills

Grüne Berge und klares Wasser

La verdure des montagnes et la limpidité des eaux

La natura scenica

山紫水明

청산록수

漓江春色
Li River in Spring
Die Frühlingslandschaft des Li-Flusses
La scène printanière de la rivière Lijiang

Il Fiume Li di primavera
漓江の春色
이강의 봄경치

40

阳朔僧尼山
Nun and Monk Hill in Yangshuo
Der Mönch-Berg in Yangshuo
La colline de bonze et de bonzesse

La collina del monaco e la collina della monaca a Yangshuo
阳朔の僧尼形の山
양삭승인산

41

兴坪落日
The Sunset of xingping
Der Sonnenuntergang in Xingping
Le soleil couchant de Xingping

Xingping in crepuscolo
落日の兴坪
흥평의 석양

下龙风光
A Beautiful Scene of Xialong
Die Landschaft von Xialong
Le paysage de Xialong

Il bel Xialong
下竜风光
하룡풍광

43

云海
A Sea of Clouds
Das Wolkenmeer
La mer de nuages

Il mare di nubi
雲海
구름바다

44

层峦叠嶂
Green Hills over Hills
Viele Bergspitzen hintereinander
L'enchevêtrement des cimes

Migliaia di colline
重なり合ってそばだつ山山
첩첩이 우뚝 솟은 산봉우리

45

鸟鸣青峰乱云飞

Birds over Green Hills

Singender Vogelgrüner Berge

Des pics verts,des oiseaux qui chantent,et des nuages enchevêtrés

Le Colline verdi nel canto di uccelli

鳥が鳴く雲の峰

푸른 산봉우리속에 울려퍼지는 새 노래

新旅游景点——冠岩
Crown Cavern New Tour Spot
Eine neue Sehenswürdigkeit--die Kronenhöhle
La nouveaux site touristique de la grotte de la couronne

La Caverna di corona-un luogo nuovo per i turisti
新しい景観－冠岩
관암외경

锦绣河山

A Beautiful Landscape
Schöne Landschaft
Un super paysage
Il fiune e le colline
錦繡河山
금수강산

书童山
School-Boy Hill
Der Berg des lernenden Kindes
Le pic de gamin

La Collina di scolaro
书童山
서동산

50

兴坪竹影

Reflection of Bamboo Clump in Xingping
Bambusse in Xingping
Le reflet des bambous de Xingping

Li bambú a Xingping
興坪竹の倒影
흥평의 대나무 그림자

51

大榕树
Big Banyan Tree
Der große Banyan-baum
Un grand banyan

Un grande albero del banyan
大きな古榕
대 용나무

乡间小景
A View of Countryside
Die Szenerie auf dem Land
Le paysage rural

La campagna
田舍の景色
시골경치

53

高田秀色
A Beautiful Scene of Gaotian
Die zierliche Landschaft von Gaotian
Le paysage de Gaotian

Gaotian scenico
高田の絶景
고전의 수려한 경치

漓江炊烟
Cooking Smoke on Li River
Rauch am Li-Fluß
La brume légère de la rivière Lijiang

Il fumo della cottura sul fiume
漓江のきり雨
이강의 흰 연기

55

雾锁漓江
The Misty Li River
Der Li-Fluß im Nebel
La rivière Lijiang baignée dans la brume

Il fiume nella nebbia
霧にまれている漓江
안개속에 잠긴 이강

漓江夜泊
Moon on Li River
Anlegen im Li-Fluß bei Nacht
La navigation dans la nuit sur la rivière Lijiang

Ancorando di notte
漓江の夜
이강의 저녁정박

57

漓江夜捕
Night Fishing in Li River
Fischen im Li-Fluß bei Nacht
La pêche nocturne dans la rivière Lijiang

Pesce contagioso di notte
漓江の夜捕
이강의 저녁고기잡이

天光筏影
The Raft Shadow in Li River
Floß und Spiegelbild
Le beau reflet

Una barca del bambú sul fiume
天の光波、筏の影
새벽의 뗏목 그림자

59

漓江蜡烛峰
Candle Hill by the Li River
Kerzen-Berg am Li-Fluß
Mont de Bougie au Bord de la riviere Li
La collina della camdela
漓江の蜡烛峰
이강 촛불봉

60

高田情韵
The Charm of Gaotian
Die liebliche Szenerie in Gaotian
Le paysage de Gaotian

Il bel scenario a Gaotian
高田の情调
고정전운

61

矮山晨曦

Rosy Dawn over Hills

Der Aishan-Berg in der Morgendämmerung

L'aurore de Aishan

Le colline basse nell'alba

矮山の朝やけ

왜산의 아침햇살

动与静
Stillness and Movement
Bewegung und Stille
Le mouvement et la tranquillité
Moto e tranquillità
动態と静態
움직임과 정지

63

暮归
Back from Herding
Zurückkehrender Hirt
Le retour de bouvier

Il ritorno a crepuscolo
夕方に帰る
목귀

书童红叶
The School-Boy Hill in Golden Autumn
Rote Blätter auf dem Berg des lernden Kindes
Le pic de gamin en automne

La Collina di scolaro tra le foglie rosse
书童山の紅葉
서동산의 단풍잎

朝板山
Chao Ban Hill
Der Chaoban-Berg
La colline de tablette

La collina nella forma di un pezzo di asse del bosco
朝板山
조반산

山村之晨
Morning in the Lijiang River in the evening
Ein Gebirgsdorf in der Morgendämmerung
Un matin dans un village montagneux

Un villaggio nell'alba
山村の朝
산촌의 아침

67

田园风光
Rural Scenery
Dörfliches Idyll
Le paysage champêtre

la campagna pastorale
田园风景
전원풍광

卓笔峰之晨
Painting-brush Peak in the Morning
Der Pinsel Gipfel in der Morgendämmerung
L'aube au pic de pinceau

La Collina della spazzola in alba
笔先の峰の朝
탁필봉의 아침

69

遇龙河暮色
Meeting-dragon Bridge at dusk
Der Yulong-Fluß in der Abenddämmerung
Le crépuscule de la rivière Yulong

Il fiume di dragone in crepuscolo
遇龙河の暮色
옥룡하 저녁경치

70

月亮山
Moon Hill
Der Mond-Berg
La Colline de la lune

Ca montagna della luna
月山
월량산

奇峰晨浴
Fantastic Peaks in Morning Mist
Merkwürdig geformte Berge in der Morgendämmerung
Le bain matinal des pics étranges

Le colline nell'alba
朝日を浴びる奇峰
아침 샤워를 하고 있는 기봉들

碧莲峰
Green-lotus Hill
Grün-Lottcs-Bcrg
La colline de lotus vert

La Collina di loto
阳朔の碧蓮峰
벽련봉

73

春暖花开
Spring flowers in bloom
Blummenblüten im Frühling
Les fleurs de printemps

I fiori di primavera
春江は暖かく、花が火
꽃피는 따뜻한 봄

74

杜鹃映红尧山
Yaoshan's Azalea Flowers
Rote Azalien auf dem Yaoshan-Berg
Les azalées à la montagne Yaoshan

Le azalee sul Monte Yao
つつじに赤く映った尧山
용등같은 제전

清溪牧歌
Clear Stream and Pastoral Songs
Die Landschaft vom klaren Bach
La pastorale
La vita pastorale dal fiume
清流での放牧
청계의 목가

76

桃化江秋韵
Charming Peach-blossom River in Autumn
Die Herbstlandschaft des Taohua-Flusses
L'automne à la rivière aux fleurs des pêchers

Il Fiume di fiori della pesca di autunno
桃花江の秋
도화강의 가을운치

77

仙鶴峰夕照
Crane Hill in the Evening Sun
Der Baihe-Gipfel im Abendsonnenschein
Le pic de cigogne blanche baigé dans le soleil couchant

Il Picco del sollevi nel crepuscolo
仙鶴峰の夕映
백학봉의 석조

尧山日出
The Sunrise of Yaoshan
Der Sonnenaufgang über dem Yaoshan-Berg
Le soleil levant de la montagne Yaoshan

L'aurora sul Monte Yao
尧山の日の出
요산일출

大飞泉

九天飞泉
Cliffside Spring Falling from Heaven
Sprühender Spring am Himmel
La chute d'eau
Una cascata che cade dal cielo
泉が九天を飛ぶ
구천비천　　81

龙脊梯田

Terraced Fields in Longji
Die Terrassenfelder in Longji
Les rizières en terrasses de Longji

I terreni a Longji
龍脊の段々畑
용등갈은 제전

榕湖
Banyan Lake
Der Banyanbaum See
Le Lac Ronghu

Il lago di banyan
榕湖
로후호

84

资江风采
The scenery of the Zijiang River
Die charmante Schönheit in Zijiang
La chanson folklorique sur la rivière Zijiang

Zijiang , un fiume affascinante
資江の風采
자강의 풍경

猫儿山之巅
The Top of Mao'er Mountain
Die Spitze des Mau'er-Berges
Le point culminant de la montagne Mao'er

Sulla cima del Monte Gatto
猫児山の頂上
묘아산 산정

全州天湖
Tianhu Lake, Quanzhou
Himmelsee bei Quanzhou
Le lac céleste à Quanzhou

Il lago di Tianhu a Quanzhou
全州の天湖
전주천호

灵渠
Ling Canal
Der Lingqu-Kanal
L'ancien canal Lingqu

Il Canale di spirito
灵渠
영거

漓江源头
The Fountainhead of Li River
Die Quelle des Li-Flusses
La source de la rivière Lijiang

L'origine del Fiume Li
漓江の源
이강의 발원지

静境生秀韵
Beauty in Quietness
Schönheit in der stillen Umgebung
La beauté dans le calme

In silenzio
静かな灕江川の情調
정경생수운

90

资源一线天
A Thread of Sky in Ziyuan
Il Cielo guardó su da sotto in Contea di Ziyuan
Un rayon de ciel à Ziyuan

Un filo di cielo a Ziyuan
资源の 一線天
자원의 일선천

91

宝鼎瀑布
Baoding Waterfall
Der Baoding-Wasserfall
La chute d'eau de Baoding

La cascata di Baoding
宝鼎の滝
보정폭포

风帆石
Sailing Stone
Der Segelstein
Le rocher semblable à une voile

La pietra di vela
风帆石
돛대석

会仙小景
Huixian Scenery
Die Szenerie in Huixian
Led paysage de Huixian

La Contea di Huixian
会仙の景色
회신소경

93

天门仙境
The wonderland of Heavenly Gate
Der Tempel von Konfuzius und Guangong in Gongcheng Paradies in Tianmen
Le paradis deTianmen

Tianmen--un paradiso
天门仙境
천문선경

天然长城
Natural Great Wall
Große Mauer von Natur
La grande muralle naturelle

Un Muro Grande naturale
天然の長城
천연장성

永福百寿岩
Yongfu Baishou Cave
Die Baishouyan-Grotte in Yongfu
La grotte de longévité à Yongfu
La Caverna di longevitá in Contea di Yongfu
永福の百寿岩
영복의 백수암

全州湘山妙明塔
Miaomin Pagoda in Quanzhou Xiangshan
Die Miaoming-Pagode im Xiangshan-Tempel in Quanzhou
La pagode Miaoming à Xiangshan Quanzhou

La Pagoda di Miaoming al Convento di Xiangshan
nella Contea di Quanzhou
全州の湘山妙明塔
전주상산 묘명탑

五排河漂流
The Floating of Wupaihe River
Schwimmen mit dem Strom im Wupai-Fluß
La dérive sur la rivière Wupai

Galleggiante sul Fiume di Wupai
五排川の漂流
오패하의 표류

97

丰鱼岩内景--太公钓鱼
Great-grandfather Tishing-in Fengyu Cave
Der angelnde Urgroßvater
Grand père qêche

Un vecchio uomo che pesca dal fiume
姜太公の魚釣り
풍어암내 태공낚시

98

丰鱼岩内景 ——双塔
Twin-pagoda in Fengyu Cave
Beide Pagoden
Le pagodes jumelle
双塔
쌍탑

丰鱼岩内景——定海神针
Dinghai Magic-Needle
Die Ruhe des Meeres bewahrende Wunderstange
Une aiguille magipue
Una pietra di pilastro
定海神针
정해신침

荔蒲银子岩
Yinzi Cave in Lipu
Die Silber-Grotte in Lipu
La grotte Yinzi de Lipu

La caverna di Yinzi a Lipu
荔浦の银子岩
여포의 은자암

100

芦笛岩内景观－鸡冠花
Cockscomb-the SceneryinReed Flute Cave
Szenerie in der Rohrflötenhöhle--Hahnenkammblume
La crète-de-coq dans la grotte des flûtes de roseau
Una pietra nella forma di fiore della cresta di gallo nella
Caverna del flanto
芦笛岩洞内の景观－鸡冠の花
노적암 동굴내의 경관 － 계관화

灌阳神宫
Guanyang Magic Palace
Die Shengong-Grotte in Guanyang
La grotte féerique à Guanyang

Un palazzo naturale nella Contea di Guanyang
灌阳神宫
환양의 신비한 궁전

七星岩洞内景观——蘑菇云
Mushroom Cloud-the Scenery in Seven Star Cave
Landschaft in der Sieben-Sterne-Höhle:pilzförmige Wolken
Le champignon atomique--paysage dans la grotte des sept etoiles

La nube di fungo nella Caverna delle sette stelle
七星岩洞内景観——蘑菇雲
칠성암 동굴내의 경관-버섯구름

恭城文武庙
Gongchen Confucious and Guanyu Temples
Der Tempel von Konfuzius und Guangong in Gongcheng
Le temple civil et militaire Gongcheng

Il convento di Confucius e il convento
di Guanyu a Gongcheng
恭城の文武庙
공성 운무묘

平乐古榕群
The Aged-old Banyan Trees in Pingle
Alte Banyanbäume in Pingle
Les banyans à pingle

I vecchi alberi del banyan alla Contea di Pingle
i vecchi alberi del banyan alla Contea di Pingle
平楽古榕の群れ
평남고용나무림

103

龙潭飞瀑

The waterfall into Dragon's pool

104 Der Wasserfall in Longtan

La chute d'eau de Longtan

Una cascata

竜潭の滝

용담의 폭포수